AF265699

APERÇU RAPIDE

DE L'HISTOIRE

D'UNE

DÉCOUVERTE EXPÉRIMENTALE,

TRÈS IMPORTANTE POUR LA SANTÉ PUBLIQUE,

PROVOQUÉE PAR LE GOUVERNEMENT FRANÇAIS;

ET

DEMANDE

EN EXÉCUTION PLEINE ET ENTIÈRE DU DÉCRET DU 18 AOUT 1810.

Le mode expérimental régulier est la meilleure manière de reconnaître les passions et d'éclairer les Gouvernemens sur les découvertes utiles en Médecine pratique : c'est la seule méthode qui ne soit jamais en défaut; c'est la science par excellence.

Quand il s'agit de FAITS, quiconque a des yeux, peut voir.

PARIS,

IMPRIMERIE DE HUZARD-COURCIER, RUE DU JARDINET, N° 12.

JUIN 1821.

...ERÇU RAPIDE

DE L'HISTOIRE

D'UNE DÉCOUVERTE

EXPÉRIMENTALE,

Très importante pour la Santé publique,

Provoquée par le Gouvernement français;

ET DEMANDÉE EN EXÉCUTION PLEINE ET ENTIÈRE DU DÉCRET DU 18 AOUT 1810.

____

Experientia judex.

Eɴ l'an 2, le Gouvernement, alarmé de voir passer tous les ans quatre cent mille Galeux dans les Hôpitaux militaires, d'y en compter constamment cent mille, et d'observer que la Gale laissait par conséquent une force de cent mille hommes

de moins sous les drapeaux, invita tous les Offi-
ciers-de-santé militaires à tenter la découverte d'un
Procédé simple dans son exécution, sûr dans ses
résultats, et, en conséquence, inverse de toutes les
anciennes méthodes, pour guérir et prévenir dans
les Armées les *effets de la Gale*, sans soustraire
les Soldats à leur service, ni à leur régime habituel.

Voici à ce sujet un Extrait du Mémoire de
M. Laribeau, Inspecteur général des Hôpitaux
militaires, imprimé à cette époque par ordre du
Gouvernement, et distribué aux Armées :

« J'ai dit, dans mon dernier Mémoire, que si
» le moyen le plus simple et le moins dangereux
» pour guérir la Gale à nos Soldats était un bien
» pour l'État et l'Humanité, celui de la prévenir
» dans nos Armées serait encore d'une bien
» plus grande importance sous tous les rapports.
» Pendant l'intervalle de deux ou trois cam-
» pagnes, tous les Soldats qui composent nos
» Armées sont alternativement attaqués de cette
» maladie, sans compter que la plupart d'entre
» eux l'ont cinq ou six fois pendant le même
» intervalle.

» Dans un précédent Mémoire, j'ai dit qu'il y
» avait constamment près de cent mille Galeux

» dans les Hôpitaux militaires, et que cette ma-
» ladie laissait par conséquent une force de cent
» mille hommes de moins sous les drapeaux.

» J'ai dit de même que les Galeux réunis dans
» les Hôpitaux militaires y contractaient des
» maladies putrides, qui en faisaient périr un
» vingtième tous les ans : si, comme nous l'avons
» dit plus haut, il passe tous les ans quatre cent
» mille Galeux dans les Hôpitaux, c'est vingt
» mille hommes que l'Etat conserverait chaque
» année, si on pouvait découvrir un Moyen pro-
» pre à prévenir la Gale dans nos Armées.

» Si on pouvait arriver à ce but, si désiré par
» tous les amis de la Patrie et de l'Humanité, on
» pourrait réduire à près de la moitié les Hôpi-
» taux militaires qui existent aujourd'hui, et qui
» coûtent des sommes immenses en frais d'ad-
» ministration.

» Il est donc de la plus grande importance que
» le Gouvernement invite tous les talens, dans
» cette partie, à s'occuper de cette intéressante
» Découverte. »

Étant alors, par Commission *légale*, Chirurgien-Major du 75ᵉ Régiment d'Infanterie, et suc-
cessivement de la 140ᵐᵉ demi-Brigade commandée

par Vandermaesen, division Desaix, à l'avant-garde de l'armée du Rhin, je me décidai, sur la sollicitation de ces deux grands Généraux, à ébaucher la Découverte désirée par le Gouvernement, en cessant d'envoyer mes Galeux aux Hôpitaux, et en établissant dans mon Corps une Piscine qui eut déjà un heureux succès.

Il est de fait avéré que, par décision du 17 pluviose an 3, la Commission des Secours publics m'accorda la somme de 976 fr. (en assignats) pour la guérison de 244 volontaires de la 140me demi-Brigade, attaqués de la Gale, pendant le premier trimestre de ladite année, et traités dans cette première *Piscine* ambulante.

Conformément à l'invitation faite par le Gouvernement, je m'empressai de faire part de mes premiers succès, et d'envoyer au Comité militaire *la Recette* ou *Composition formulée de mon Remède*, avec mon Mode d'application, en manuscrit, afin que l'on pût faire exécuter dans toutes les Armées mon nouveau Plan de Traitement, qui alors aurait pu être perfectionné par mes Collègues. Ma réponse empressée à l'Appel du Gouvernement était purement philantropique, et n'avait pour but aucune spéculation mercantile, puisque j'envoyais la recette, ainsi que je l'ai prouvé dans le temps par la lettre officielle suivante, qui, avec les autres pièces relatives à ma Découverte, fut envoyée par son Excellence le Ministre de l'Intérieur à la Commission de Révision des Remèdes secrets.

« Paris, le 25 frimaire an 3.

» LA COMMISSION DES SECOURS PUBLICS,

» Au Citoyen Mettemberg, Officier de santé
» en chef de la 140.me demi-Brigade, au quartier-
» général de l'avant-garde de l'Armée du Rhin.

» Nous te prévenons, Citoyen, que nous
» transmettons à la Commission de Santé la For-
» mule pour la guérison de la Gale, que, d'après
» l'invitation faite par le Comité militaire à tous
» les Officiers de santé, tu proposes pour les Mi-
» litaires atteints de ce mal.

» Nous l'invitons à nous communiquer le ré-
» sultat de son examen sur l'utilité qu'elle peut
» présenter pour le soulagement de nos frères
» d'armes, et nous t'en instruirons.

» Signé, *Derniau*. »

(6)

Mais ce Procédé nouveau blessa déjà, sans
doute, des intérêts particuliers; et, depuis cette
époque, je n'en reçus plus de nouvelles.

Cette circonstance, qui m'affligea singulière-
ment, et à laquelle vint s'ajouter un état languis-
sant par suite de trop de fatigues et de deux bles-
sures, me décida à solliciter mon licenciement
d'Officier-de-santé militaire, pour satisfaire au dé-
sir des Municipalités de la Ville et du Canton de
Sainte-Marie-aux-Mines (lieu de ma naissance,)
qui, par leur pétition motivée, en date du 15 prairial an 3, m'avaient demandé avec instance à
l'Autorité compétente, comme Officier-de-santé
de ce Canton.

Je m'y suis toujours occupé de mon Invention;
et la pratique de la Médecine rurale me fit bientôt
observer, dans cette classe intéressante d'Hommes
laborieux, des *Affections chroniques* de toute es-
pèce, qui dataient d'anciennes Gales *bien guéries
à l'œil* par les méthodes usitées. J'allai en tâton-
nant, je cherchai à consolider mes idées, à per-
fectionner mon Remède, ainsi que la Manière de
l'employer, et à leur donner l'étendue convenable,
d'après les effets que j'en suivis : mes essais privés
furent couronnés de succès *extraordinaires*. Mais

je me décidai à garder désormais le silence sur la Composition première de mon Spécifique, pour représenter ma Découverte au Gouvernement en temps et lieux, sous la forme de l'observation et de l'expérience *exclusivement*.

Je correspondais avec le respectable et le digne docteur feu M. Lorentz, *Médecin en chef de l'Armée du Rhin et Moselle*, qui avait été l'un de mes premiers Maîtres dans l'Art de guérir : il m'encourageait. Voici l'extrait d'une de ses lettres :

« Strasbourg, le 17 pluviose an 6.

» A M. Mettemberg, ancien Chirurgien-Ma-
» jor des Corps armés, à Sainte-Marie-aux-Mines,
» département du Haut-Rhin.

» Je ne doute plus, Citoyen, de l'efficacité de
» votre Spécifique; et s'il m'en fallait un garant,
» je n'en verrais pas de plus sûr que cette éton-
» nante guérison qu'il a opérée sur un Volon-
» taire de 26 ans, portant un ancien ulcère à la
» jambe, compliqué d'atrophie et d'autres sym-
» ptômes, pour lesquels il avait passé inutilement
» six mois à l'Hôpital de Saint-Diez. Une sem-
» blable Observation mérite certainement d'être

» recueillie ; je vous inviterai à la produire, et à » la faire valoir dans l'occasion.

» Salut et amitié. *Signé,* Lorentz. »

Mon séjour à Sainte-Marie-aux-Mines, qui fut de quatre ans, est marqué par dix Attestations détaillées et authentiques des *Autorités locales*, comprenant cinq Cantons des départemens du Haut-Rhin et des Vosges, qui prouvent « les nombreuses Cures *merveilleuses* » que j'y ai opérées avec mon Spécifique anti-psorique ; qui, par l'identité des effets et les résultats, se rapportent absolument aujourd'hui aux Procès-verbaux *réguliers* de mes expériences publiques faites postérieurement, et avec lesquelles je vins à Paris pour les communiquer à l'Autorité légale.

Dès-lors, l'École de Médecine de Paris m'a confondu parmi les Médecins *empiriques*, et m'a refusé arbitrairement le titre de *Docteur*, qui m'appartenait d'après les dispositions de l'article 11 de la Loi du 19 ventose an 11, et la décision de S. Exc. le Ministre Chaptal, du 24 prairial an 12. Cette École m'a opposé ses règlemens et ses systèmes.

En l'an 8, le Ministre de l'Intérieur, considérant que l'Expérience était la base des connaissances certaines et le fondement de tous les succès en Médecine, m'autorisa à faire les premières Ex-

périences publiques de la Quintessence anti-psorique à l'Hospice de la Maternité à Paris, dont
les résultats, constatés d'une manière irrévocable
(par neuf Procès-verbaux très réguliers, du
21 vendémiaire au 20 nivose an 9, analysés dans
un Rapport à son Excellence, en date du 21 ventose an 9), ne laissèrent rien à désirer relative-
ment aux Qualités *curatives*, *indicatives* et *pré-
servatives*, que j'attribue à ce Spécifique, et à
l'innocuité de son emploi, puisque la plupart des
Sujets des Expériences, qui ont duré trois mois,
étaient des *Femmes enceintes, des Nourrices, et
des Enfans du plus bas âge.*

Ces succès renouvelés et invariables m'ont valu
l'Autorisation spéciale *motivée*, tant du Gouvernement français que de divers Gouvernemens
étrangers, pour la préparation, l'annonce et la
vente publique de la *Quintessence anti-psorique*,
connue sous le nom d'*Eau de Mettemberg.*

Les heureux résultats des Expériences authentiques faites sur les animaux, notamment sur les
Mérinos, prouvent que la publication régulière
et l'emploi de mon Anti-psorique seraient égale-
ment d'une utilité générale pour l'Agriculture.

En résumé, il résulte des Faits officiels et
avérés réunis depuis 27 ans, et consignés dans

les Procès-verbaux des Expériences publiques et dans les autres Pièces authentiques, qui sont déposés dans les Bureaux de son Excellence LE MINISTRE DE L'INTÉRIEUR, et dont les Copies sont entre mes mains :

1°. Que j'ai répondu à l'Appel qu'a fait en l'an 2 le Gouvernement français, par l'invention et la présentation de la *Quintessence anti-psorique* ou *Eau de Mettemberg*, avec le *Mode de l'Application*, qui est partie intégrante et inséparable de cette Composition particulière, à la fois *spécifique* et *médico-cosmétique*.

2°. Que mon Procédé expérimental ne peut se comparer avec aucune des méthodes usitées jusqu'à ce jour *pour guérir, et surtout prévenir les* EFFETS EXTERNES ET INTERNES DE LA GALE.

3°. Que, comme les anciennes méthodes, il n'expose pas les Galeux à des *Maladies consécutives chroniques* qui encombrent les hospices, sont l'écueil de la Médecine, et forment le chapitre des GALES DÉGÉNÉRÉES.

4°. Que, comme elles, il n'assujétit pas les Galeux à séjourner, soit dans les Infirmeries régimentaires, soit dans les Hôpitaux.

5°. Qu'il agit en fortifiant l'économie animale,

tandis qu'elles l'affaiblissent ; et qu'il est en tout conforme aux lois de la nature, que les autres méthodes contrarient.

6°. Qu'il n'altère ni le linge, ni les vêtemens, ni les fournitures comme elles ; et qu'il laisse même une odeur agréable.

7°. Qu'il maintient le soldat en état de service, et l'artisan en ses travaux.

8°. Qu'il peut être appliqué aux Pauvres par les Établissemens de Bienfaisance, soit à domicile, soit dans des PISCINES PUBLIQUES, et au Malheureux dans la Prison.

9°. Que, dès les premières lotions, *le Virus* perd de sa nature *contagieuse* ; et qu'une simple lotion journalière de 15 minutes, pendant 30 à 40 jours, *n'est point même comparable* à des remèdes compliqués, aussi dégoûtans que dangereux, et à *dix* jours d'entassement des Galeux dans les asyles de *fièvres putrides*.

10°. Qu'appliqué périodiquement aux Troupes en lotions *prophilactiques* ou *médico-cosmétiques*, mon Procédé anéantirait dans les Armées le fléau de la Gale, en maintenant une transpiration na-

turelle et une propreté, qui contribueraient beaucoup à la santé générale du Soldat.

11°. Qu'il peut être employé avec succès et fa-
cilité dans toutes les saisons, comme sous tous
les climats.

12°. Que son usage remplirait parfaitement le
but que le Gouvernement s'est proposé en l'an 2,
non-seulement dans l'intérêt des Armées, mais
encore dans celui des Pauvres à domicile, et de la
Société tout entière.

13°. Que les expériences publiques, par les
contre-épreuves, ont sauvé même plusieurs ma-
lades, dont vingt-deux Médecins-Commissaires
avaient unanimement pronostiqué la mort, et
prouvent que la Gale n'est pas uniquement
une maladie locale ; qu'il ne suffit pas de la
faire disparaître très rapidement *à l'œil*, comme
la plupart des Médecins et le vulgaire continuent
de le faire, par les mille moyens *astringens* et
répercussifs inconsidérément usités jusqu'à ce
jour, notamment par les *fumigations sulfu-
reuses*, qui ferment hermétiquement les pores
de la peau, et sont en contradiction avec l'ordre
de la nature.

14°. Qu'enfin, pour les progrès de l'Art de guérir
dans les cas occultes, chroniques et prématurément

mortels, la vertu évidemment *indicative* de la Quintessence anti-psorique méritera surtout d'être *approfondie* par L'ACADÉMIE ROYALE DE MÉDECINE, et par tous les Praticiens, lorsque le Décret du 18 août 1810 sera pleinement exécuté à l'égard de *ce Remède secret éprouvé officiellement*.

A tous ces avantages, il faut ajouter qu'il n'en coûterait presque rien au Gouvernement, pour ses Corps armés, sa Marine, ses Établissemens de Bienfaisance, ses Ateliers, ses Prisons ; et, à la prospérité de l'Agriculture, pour ses Haras et Bergeries.

Je mets en fait que le Gouvernement pourrait changer insensiblement en des Ateliers productifs ou en d'autres Établissemens utiles la moitié des Hôpitaux (source de mille abus), qui deviendraient superflus, et qui coûtent par an plusieurs millions à L'ADMINISTRATION PUBLIQUE.

(*Voir, et vérifier à jamais, les Rapports de la* COMMISSION DE RÉVISION *des Remèdes secrets, lesquels reposant sur les* FAITS MÊMES, *sont parfaitement exempts de partialité.* Cette Commission spéciale, qui, suivant le Décret du 18 août 1810, devait être LA DERNIÈRE, était composée de *sept* Savans des plus respectables et des plus distingués, MM. les Docteurs BOSQUILLON, BOUR-

DIER, PINEL, BOURDOIS DE LA MOTTE, LAFISSE, BALLEROY et VAUQUELIN.)

Mais, au milieu de mes succès publics, sont survenus les manœuvres obscures de *l'intrigue*, l'esprit de parti, de haine et d'animosité ; la malveillance, les préventions, l'amour-propre offensé ; la morgue et l'insolence ; les critiques de mauvaise foi, les faits dénaturés, les analyses inexactes, les contrefaçons, les fausses applications ; l'insouciance des uns et la jalousie des autres ; les injures gratuites, la calomnie, de mensongères accusations d'empoisonnement et de mort ; des actes de police illégaux ; les changemens de Ministre, les Règlemens prohibitifs, les tentatives *clandestines* contre ma liberté, les alarmes et les dégoûts de ma Famille ; les pénibles et longs sacrifices, le trouble de mon repos, et l'envie qui me déchire pour me forcer d'ensevelir avec moi une invention utile à l'Humanité ; la pusillanimité, l'ignorance, une routine aveugle et irréfléchie ; les doctrines erronées, les influences de l'arbitraire et du pouvoir ; la présentation de ma Découverte sous un faux point de vue à L'ADMINISTRATION, qui ne s'en est plus occupée, et a laissé l'Auteur aux prises avec toutes les passions et les faiblesses ; l'intervention d'autres procédés beaucoup plus expéditifs pour faire disparaître les signes extérieurs du *virus*, en opposition aux efforts de la nature, et au risque des altérations morbifiques chroniques auxquelles la Gale donne lieu ; un enthousiasme excité par l'intrigue et déjà refroidi par l'expérience ; les efforts intéressés de quelques écrivains forcenés, pour alarmer les personnes qui auraient été tentées de faire usage de la *Quintessence anti-psorique*; donner le change au public, élever des doutes sur la PUISSANTE EFFICACITÉ EXPULSIVE de ce Remède, et compromettre le Gouvernement, qui l'a autorisé spécialement; les *rapports secrets* adressés au Ministre, sous un prétexte *perfide* d'intérêt général, afin de faire proscrire ma Découverte, et de me dépouiller arbitrairement des droits que deux actes légaux (des 10 février 1810 et 18 mars 1815) me confèrent ; un *criminel abus de confiance* par la publication indirecte et irrégulière, *méchamment* rendue inexacte et par conséquent dangereuse, de la *formule* de la Quintessence anti-psorique, déposée officiellement par l'Auteur entre les mains du Gouvernement, en conformité du Décret du 18 août 1810, *qui avait formellement garanti le secret;* enfin la reproduction actuelle d'une partie de mes dépouilles avant ma mort, sous une autre forme et dans des

Bains *mercuriels* déjà si vantés par plusieurs journaux de Médecine, qui ont décrié l'emploi *innocent* du MERCURE dans *mes Lotions végéto-spiritueuses*.

Dans cet état de chose, son Excellence Monseigneur *le Ministre de l'Intérieur* vient d'être prié de vouloir bien donner suite à la Proposition, qui déjà a été faite au Chef du Gouvernement, en 1813, tendante à l'exécution du Décret du 18 août 1810, auquel je me suis loyalement soumis et entièrement conformé, pour la propagation de ma Découverte.

Paris, juin 1821.

Signé METTEMBERG,

Ancien Chirurgien-Major des Corps armés, de la Garde et Maison du ci-devant Sénat-Conservateur, et présentement de la Garde de la Chambre des Pairs et du Théâtre Royal de l'Odéon ; Officier de la Garde nationale parisienne, Electeur du département de la Seine, Chevalier de l'Ordre du Mérite civil de Prusse, etc.

Rue St.-Thomas-d'Enfer, n° 5.